Livret de la Méthode

« Créez l'Harmonie avec votre enfant »

Henri Pierre BRU Thérapeute familial
www.hpbru.fr
HP

Livret de la méthode « Créez l'harmonie avec votre enfant »

Ce livret a pour but de vous accompagner dans l'harmonie avec votre enfant, ce livret doit vous amener à faire l'expérience des points cités dans ce document, cette expérience étant indispensable. C'est ce que je vous propose de réaliser en vous accompagnant soit en groupe de parents, soit en séance individuelle avec moi.

Remarque préliminaire : l'emploi du masculin vaut pour le féminin, et vice et versa.

Le fondement de cet exposé tient en deux postulats qui sont les suivants :

- pour nous améliorer dans une relation, comme entre vous et votre enfant dans le cas présent, nous avons :

1) Pour chacun pris séparément, **le moyen de l'introspection**, par la lecture, l'étude, la réflexion, la méditation, et nous avons un autre moyen,

2) Et **l'échange verbal** quand vous êtes réunis ensemble.

Et ce dernier point peut être d'un grand pouvoir réparateur.

Par ailleurs, je suis parti d'un constat :

- souvent j'ai retrouvé les enfants dans des difficultés que son parent a voulu leur éviter. D'où les exercices, décrits ici, qui révèlent notamment ces évitements que les parents ont désiré éviter justement. Et ils révèlent aussi les projections, que les parents ont eues sur lui ou sur elle (sur son enfant).

Alors pour parvenir à rétablir l'harmonie entre vous et vos enfants, je vous propose de considérer deux parties : une première partie (avec les vidéos de 1 à 9) qui vous fera réfléchir et ressentir comment vous avez accueillie et considéré la venue de votre enfant dans votre vie, et comment ensuite vous avez cheminé avec lui jusqu'à aujourd'hui; et qui va vous préparer à lâcher les points bloquant ou faisant écran à l'harmonie avec votre enfant. Dans cette première partie, je vais vous proposer deux séries d'exercices, pour repérer dans quelle mesure vous l'avez accepté plus ou moins tel qu'il est, et si vous l'avez reconnu dans l'une de ses particularités.

Ensuite, dans la deuxième partie, qui est réservée aux parents ayant des enfants de plus de 7 ans, dans la 10eme vidéo, je vous propose un exercice narratif afin que simplement et naturellement vous vous rapprochiez avec votre enfant pour que celui-ci se sente naturellement reconnu à vos yeux, et en parallèle, je vous guiderais afin que vous lui fassiez naturellement confiance dans cet exercice, exercice très simple, et comme toutes les choses simples, très puissant, qui vous aidera à réaliser cette harmonie avec votre enfant.

Première partie : je vous demande simplement de rester proche de vos ressentis tout au long de ces exercices.

Vous allez réaliser dans un premier temps combien votre enfant s'est sentit reconnu à vos yeux dans sa particularité. ... Vous avez bien lu : s'est sentit reconnu à vos yeux dans sa particularité. Qu'est-ce que je veux dire par là ? Eh bien, vous allez repérer quelles ont été ou quelles sont encore vos attentes face à votre enfant, ou à l'opposé, quel est le degré d'attention inconditionnel que vous lui portez. Rassurez-vous, s'il y a une marge de progression plus ou moins importante par rapport à cette échelle, avec d'un côté vos attentes, et de l'autre l'attention ou « l'amour » inconditionnel que vous portez à votre enfant, ces exercices vont vous accompagner.

Voici comment je vous propose de faire ce constat : Nous allons voir les projections que vous pourriez ou avez faites sur votre enfant, projections qui sont naturelles, comme monsieur Jourdain qui fait de la prose sans le savoir, aussi cette prise de conscience peut vous aider à lâcher prise si votre enfant n'est pas encore en âge de choisir sa vie professionnelle, ou lâcher prise sur ce que vous auriez voulu qu'il soit ou qu'il devienne, ou qu'il aurait pu devenir…

Premier exercice :

-Tranquillement, dressez les rêves ou les projections que vous avez nourrit pour lui ou elle pendant la grossesse, ceci pour sa vie personnelle, comme pour sa vie professionnelle, puis de manière identique le rêve que vous avez nourrit pour lui quand il ou elle a eu 5, 7 ans et s'il est plus grand, à 10 et 15 ans, et tenez compte aussi de l'ambiance, de l'atmosphère qui régnait pendant la grossesse, avant la grossesse, et après.

Soyez économe de votre concentration, laissez venir simplement ce qui vient maintenant, le ou les rêves que vous avez nourrit pour lui, ou les attentes ou les projections que vous avez nourrie pour lui pendant la grossesse, et puis quand il a eu 5, 10 ou 15 ans. Si vous aimez écrire, écrivez les projections que vous avez eu pour lui ou elle, si vous êtes plutôt visuel, faites un dessin, ou fermez les yeux, pour mieux les visualiser.

Deuxième exercice

Ensuite, souvenez-vous lorsque vous étiez adolescent, ce vous auriez voulu faire, je parle de vous, qui êtes parent aujourd'hui, lorsque vous étiez adolescent(e), qu'auriez-vous voulu faire dans votre jeunesse et que vous avez réalisé ou que vous n'avez pas osé réaliser, ou pas fait tout simplement.

Et voyez-en quoi il y a des rêves inaccomplis, ou jusqu'à quel point ils ont été accomplis, car vos rêves non réalisés peuvent vous porter à vouloir pour lui ou pour elle, autre chose que ce qu'il ou elle veut pour lui-même. Voyez ce que vous auriez aimer pour vous-même, et que vous avez pu ou pourriez projeter pour lui, par identification à vos aspirations non réalisées.

De par ces deux premiers exercices vous avez pu brièvement distinguer vos rêves pour votre enfant, de vos rêves pour vous, et éventuellement si vous avez projeté ces derniers sur votre enfant.

Troisième exercice. Maintenant rappelez-vous les moments où vous avez eu une écoute attentive de votre enfant, ou échangé librement avec lui, en l'écoutant, puis en lui parlant, alternativement.

Avez-vous eu ces moments de malice et de complicité, d'écoute mutuelle, ces moments où vous l'avez senti différent de vous, et où vous avez pris plaisir à l'accompagner dans cette différence…. Ne cherchez pas longtemps, laissez venir ce qui vient, laissez venir, ne cherchez pas trop. Dans ces moments s'il y en a eu, qu'avez-vous sentit de sa différence, de sa personnalité, écrivez quatre ou cinq adjectifs qui le caractérisent à vos yeux.

Par exemple, pour mon fils adoptif, j'ai tout de suite senti qu'il était très stable d'esprit, déjà tout petit.

Ma première fille j'ai senti qu'elle était extrêmement sociable et très endurante et volontaire.

Ma deuxième fille qu'elle était très influente dès lors qu'elle entrait en proximité avec quelqu'un, un mélange de recul et de ferveur chaleureuse.

Ainsi votre enfant s'est construit en partie sur vos projections sur lui, vos rêves, vos fantasmes, et ses identifications à vos comportements, vos attitudes, et qui souvent sont le résultat de ce que vous ne voyez pas, ou ne voulez pas voir, ou encore ce que vous voulez cacher ou ce qui vous fait réagir…Nous verrons cela plus en profondeur lors de l'exercice 6.

Quatrième exercice :

-Thème de l'exercice : La disponibilité et le soutien que vous avez donné à votre enfant, et en comparaison celle que vous avez reçue vous même lorsque vous étiez enfant.

Quand vous pensez aux échanges avec votre enfant, quelle a été la disponibilité, que vous avez donnée à votre enfant : a-t-elle été forte, moyenne, ou faible ? Et en quoi pourrait il y avoir des liens avec la présence que vous avez-vous même sentit de la part de votre père et de votre mère ? Sans faire de psycho généalogie, notez le parallèle s'il y en a, entre le soutien que vous avez ressenti de vos parents et le soutien que vous avez aménagé pour votre enfant. Voir l'atmosphère houleuse, lourde …ou légère dans laquelle vous avez baignée, et celle que vous avez fait régner avec lui ou elle. Un point d'éclairage au sujet de la disponibilité que vous avez, ou avez eu à l'égard de votre enfant :

Il y a deux aspects à la disponibilité : le temps effectif, que l'on passe avec son enfant, et la « disponibilité » dans laquelle on est dans les moments que l'on passe avec son enfant : ce qui compte c'est bien cette deuxième disponibilité : est-on « présent » pendant ces moments, et totalement disponible, plutôt que de très nombreux instants mais où vous n'étiez pas vraiment présent(e)? Pas de culpabilité ici, vous avez pu traverser des périodes de stress, ou d'intense activité en dehors de votre enfant, faites simplement ce constat s'il y a lieu.

Cinquième exercice

Dans un premier temps je vous propose de réfléchir et de discerner les 3 qualités les plus extraordinaires et les 3 défauts les plus insupportables chez les autres (pas chez votre enfant, chez les autres) que vous avez constatés au cours de votre vie. Donc pas chez votre enfant, chez les autres en général.

Écrivez-les brièvement.

Défauts :

-

-

-

Qualités :

-

-

-

Voyez bien où vous êtes touché, car ce que vous voyez à l'extérieur est en résonnance avec votre fort intérieur, et…. D'ailleurs y aurait-il une non reconnaissance de vos qualités, qui aurait besoin d'être acceptée, pour plus de satisfaction ?

Idem pour les défauts, ces défauts que vous n'acceptez pas, et que vous avez peut-être caché au fond de vous. Est-ce que votre enfant aurait un peu ici ou là des résonances avec ces points ? Ainsi nous pouvons être agacés par des comportements qui sont en résonnance avec ce que l'on rejette, et souvent ces rejets sont le reflet de qualités qui sont poussées jusqu'à leur paroxysme : exemple : si vous êtes diplomate, cette diplomatie est bienvenue dans la majorité des contextes certainement, mais peut être que cela peut être gênant et se transformer en trop de gentillesse dans certaines circonstances de la vie, et cette gentillesse poussée à son extrême peut vous jouer ou vous avoir joué des tours, aussi peut être, dans ce cas, votre enfant aurait alors cette tendance à être trop gentil dans certaines circonstances.

Pour ceux qui voudraient aller plus loin, le « quadrant d'Hoffman » est une très bonne approche des écueils relationnels dans lesquels on peut se retrouver, et il donne une excellente piste pour mieux s'équilibrer. Mais il est plus facile de repérer ce point en étant accompagné(e) ☺.

Avec cette première série de questions, vous avez pu certainement constater si vous avez reconnu votre enfant dans sa différence avec vous, sinon ne vous inquiétez pas cela va émerger petit à petit avec la suite. C'est ce que j'appelle la première empreinte laissée à votre enfant.

Une fois ces exercices réalisés, je vous propose de passer à la deuxième partie de ce livret, et qui représente à mes yeux la deuxième partie de l' « empreinte laissée à votre enfant » : nous allons y découvrir comment vous avez plus ou moins orienté votre éducation en réaction aux évitements de votre enfance, et comment vous avez fait confiance à votre enfant jusqu'à ce jour, et vous ferez de nombreuses prises de conscience à propos de ce qui a pu brouiller cette confiance, notamment vos allergies comportementales .

Dans la première série de questions, il vous été donné de voir les attentes, et (une partie) des particularités de votre enfant, et qui constituaient la première partie de l'empreinte laissée à votre enfant, maintenant je vous propose une deuxième série d'exercices afin de repérer, petit à petit, la deuxième partie de l'empreinte émotionnelle que vous avez transmis à votre enfant : nous allons y découvrir comment vous avez plus ou moins orienté votre éducation en réaction aux évitements de votre enfance, et vous ferez de nombreuses prises de conscience.

Chemin faisant, vous allez voir émerger à la fin de ces exercices la confiance qui vous lie à votre enfant ; or n'est-ce pas l'un des plus grands bienfaits pour un enfant de sentir qu'on lui fait confiance ?

Bonne nouvelle : on peut faire confiance à son enfant, sans être un prince ou une princesse de la confiance en soi même, les deux sont décorrellés. Rassurez-vous, s'il y a encore du chemin à faire, ces exercices sont là pour vous accompagner. Alors démarrons :

Je vous propose de prendre un papier et un crayon, et d'écrire les réponses qui vous viennent spontanément à l'écoute des 6 points suivants : prenez 5 minutes par question, pas plus. Faites les questions dans l'ordre svp c'est important.

Cela fait 30 minutes au total.

Le temps de préparer le thé ou le café pour faire cet exercice, comptez 35 minutes au total maximum.
Ces points sont des éléments de l'empreinte émotionnelle que vous avez laissée à votre enfant.
Par empreinte je veux dire l'influence que vous avez eu sur lui ou sur elle, sans que l'on ne sache jamais quelle est la part d'acquis et d'innée dans tout cela, alors pas de culpabilité, pas de justification svp, tout va bien ☺, alors faisons l'exercice :

Cinquième exercice :
A la « nouvelle » de la grossesse, comment vous êtes-vous sentit ?
Par exemple était ce prévue, ou bien était-ce une surprise ? Ou bien votre ressentit vous faisait sentir que c'était trop tôt pour vous ? etc.

Quel a été votre ressentit : par ex : plaisir, peur, angoisse ?

Pendant la grossesse, comment cela s'est passé physiquement si vous êtes la maman, et comment cela s'est passé psychologiquement pour vous deux, la maman et le papa ? Ce qu'entend le bébé pendant la grossesse, c'est la voix de ses parents, non pas la signification de ce que vous dites, mais la mélodie, aussi il n'est jamais trop tard pour prendre conscience de votre intonation de voix et du débit de vos paroles : c'est ce que l'on appelle le paraverbal : lorsque vous parlez, il y a ce que vous dites et la manière dont vous le dites, la voix, l'intonation, et le débit.

Les spécialistes de la communication disent que le paraverbal représente 70% de ce que les gens retiennent d'un échange orale entre deux personnes.

Je poursuis :

Une fois que le bébé est né(e), le plus important à mes yeux, c'est le dialogue, ici les babillements et votre attention à ses babillements, qui s'instaurent avec votre enfant.

De la qualité de ce dialogue (authentique, empathique, ouvert, tolérant, ou autre), et de la quête de compréhension sincère du parent de son enfant dépendent la qualité de vie psychique de l'enfant.

J'encourage le parent à lire et relire le « Conte chaud des chauds doux doux » de Claude Steiner.

Ensuite, quelle était l'atmosphère à la maison ?

Quelles ont été les réactions de l'environnement ?

Comment s'est passé l'accouchement ?

Comment se sont passés les 3 à 4 premières années ? Quand votre enfant pleure, ce n'est pas pour vous embêter, surtout les premiers pleurs du bébé, il a besoin de vous.
Maintenant, au fur et à mesure de sa croissance, il va passer par différents stades, le mimétisme, la contradiction, etc , qui sont très bien résumés dans des livres de pédiatrie.

Qu'est-ce que vous avez gardé de tout ça ?

Comment cela a influé sur la relation que vous avez avec votre enfant le cas échéant ? En effet, à l'annonce de la grossesse, en fonction de notre réceptivité, de notre disponibilité à ce moment-là, on a adopté une certaine posture vis à vis de notre enfant, ce qui a pu nous influencer ensuite et nous imprimer un certain regard sur notre enfant. En parallèle, nous sommes accrochés « différemment » par le regard de chacun de nos enfants, et ceci en fonction de sa personnalité propre, même quand celui-ci est tout petit, et au fur et à mesure de la construction de sa personnalité.

Ainsi on peut sentir comme un décalage, se sentir surpris, et ce sentiment peut s'être installé, jusqu'à aujourd'hui… Je me rappelle un femme de 85 ans, venue me consulter, qui avait toujours été en décalage avec l'une de ses filles, elle avait été surprise par sa grossesse dans sa jeunesse, alors qu'elle n'était pas marié… et s'était mariée en suivant pour ne pas être fille mère…

Surprise par sa grossesse, 60 ans plus tard elle était toujours surprise par les réflexions de sa fille devenue psychiatre … En évoquant cette surprise pendant la grossesse, elle s'est soudainement rendue compte qu'elle avait toujours eu ce sentiment de surprise en toile de fond dans les rapports avec sa fille… Et a pu pacifier 60 ans d'incompréhension avec sa fille…

Pour les familles recomposées, demandez-vous, quel a été votre sentiment quand vous avez appris que votre compagne ou votre compagnon avait un ou plusieurs enfants ; et pour les parents adoptifs, que cherchiez-vous quand vous avez décidé d'adopter un enfant, comment vous sentiez vous à ce moment-là ?

Sixième exercice :
Maintenant, je vous propose un exercice singulier, simple, mais qui va vous donner des pistes cachées sur la relation que vous avez entretenue avec votre enfant. Pour cela je vais vous demander de lister ce que vous avez voulu éviter à votre enfant : ici un bref éclairage sur le fonctionnement de l'inconscient est nécessaire : pour l'inconscient, la négation n'existe pas, exemple : si je dis n'imaginons pas une la girafe à pois jaunes…qu'a-t-on imaginé vous et moi ? De mon côté, une girafe avec des gros pois jaunes, et vous ?

Il en va de même pour les situations qui nous attirent positivement (ou que nous aimons) et les situations que nous détestons (ou que nous haïssons) : notre esprit est alors attiré dans le premier cas et en répulsion dans le deuxième cas, mais **il est tout autant occupé ou préoccupé, ou possédé si je puis dire par l'objet, la personne ou la situation que vous aimez, qui vous occupe ou vous préoccupe, et tout autant possédé par l'objet, la personne ou la situation que vous détestez.**

En bref, que vous aimiez ou détestiez, votre esprit est occupé, vous êtes occupé par cela, et au final votre esprit est envahie par les émotions positives comme les émotions négatives correspondantes.

Il n'y a rien de mal à avoir des émotions, ici je vous demande simplement de voir en quoi, lorsque vous voulez éviter une situation ou une émotion, vous êtes alors rivé(e) sur cette situation ou cette émotion, car vous portez alors la vigilance de votre esprit sur la situation ou cette émotion que vous désirez éviter. Rien de plus, mais rien de moins.

Prenons un exemple en relation avec notre sujet : une réaction fréquente que je rencontre souvent :
- je veux éviter les disputes à mes enfants, car j'en ai trop souffert dans ma propre enfance. Bien, mais généralement, petit à petit, vous êtes devenu cassant dès qu'une dispute survient… Alors à la place, cherchez dans votre esprit : à la place des disputes, que cherchez vous ? La confiance ? La paix ?

Alors vous allez naturellement épouser une attitude de confiance et de paix, et alors VOUS ALLEZ, UNE FOIS votre objectif permuté en paix et en confiance, bien plus facilement faire régner la confiance et la paix ; alors que si vous restez l'esprit rivé sur l'évitement de la dispute, vous avez de grandes chances de vous retrouver dans la dispute…
Alors disons simplement, si nous n'avons pas changé les évitements de nos objectifs par ce que l'on désire à la place, on se retrouve dedans, comme par hasard.
(Ex : je n'aime pas les gens plaintifs… justement vous avez des gens avec ce profil dans votre entourage, ou bien, votre enfant a un peu cette caractéristique, alors posez-vous la question : simplement à la place, vous voudriez quoi : vous voudriez des gens confiants ? (Plutôt que plaintifs).
Faites simplement cette prise de conscience : y a-t-il des situation, des émotions, que vous avez voulu éviter à votre enfant ; cela suffira pour débloquer la situation la plupart du temps, et vous aider à mettre moins d'énergie dans ce que vous avez voulu éviter ou lui éviter, et mettre une énergie nouvelle dans ce que vous désirez de positif pour votre enfant (à la place de lui éviter de… Cet exercice est plus facile accompagné (e)☺
Répondez à la question, qu'avez-vous voulu éviter à votre enfant ou à vous même dans la relation avec votre enfant :

Dans la même veine : Quels sont les choses que vous auriez voulu que l'on ne vous fasse pas dans votre enfance ou votre vie?

Ceci est très important je vais vous expliquer pourquoi : si avec les meilleures intentions, vous avez été autoritaire avec votre enfant, par exemple, pour éviter les conflits, votre intention était très positive, mais était-ce le bon moyen ? Donc ne vous censurez pas, si il y a eu disharmonie à ce jour, il y a une raison, et je la trouve dans 90% des cas dans les évitements que les parents ont voulu éviter, alors essayez de trouver les évitements que vous avez voulu éviter : par exemple : les disputes, les ambiances lourdes, la zizanie, les engueulades, que sais-je.:

Ceci dans vos relations entre vous, dans ses relations avec les autres, ou dans les relations avec l'école ? Les évitements se retrouvent souvent dans notre réalité tant que nous ne les remplaçons pas par ce que nous voulons à la place ; le cerveau étant tout autant attiré par ce qui nous motive que par ce que nous repoussons intensément : (cette exercice est plus facile d'accès quand on est accompagné(e) ☺ :

Septième exercice :

Quel Rôle quel parent idéal ou quels enjeux mobilisent ou ont mobilisées votre énergie de parent ?

Quel rôle, quelle image vous êtes-vous fait de votre rôle de parent ?

Quel aurait été ou quel est le parent idéal à vos yeux ? Quelle pression s'en est suivie pour vous dans votre rôle de parent ?

Quels enjeux vous mettent particulièrement en éveil face à l'avenir de votre enfant ?

Mettre beaucoup de pression sur les enfants ne les aide pas à développer leurs ressources. Dit simplement, les enfants ne trouvent pas leurs ressources dans les angoisses ou les résistances.

Huitième exercice :

En résumé de ces questions, je vous demande, en une dizaine de mots, d'écrire comment vous lui avez fait :

-plutôt confiance,

-plutôt pas confiance,

-complètement confiance.

Ou comment vous lui avez fait confiance dans tel domaine, et moins dans tel autre.

Qu'est-ce que cela veut dire ou en quoi cela reflète votre confiance dans la vie ?

Et votre propre confiance en vous ?

On peut faire confiance à son enfant, sans être un prince ou une princesse de la confiance en soi ☺ Pas de culpabilité ici non plus , la prise de conscience est la première porte vers le changement ☺

Exercice 9 , un petit dernier, allez ☺.
L'Analyse Transactionnelle parle de soif de stimulation, soif de stimulation qui présiderait à toute destinée humaine (et probablement pour tout être vivant), et qui aurait besoin d'être satisfait pour …vivre : le bébé, en effet , a besoin de nourriture, mais pas seulement. Il a aussi besoin d'être pris dans les bras, et d'entendre l'atmosphère familiale autour de lui, etc, puis quand le bébé grandit, les besoins en stimulation se transforment en besoins en signes de reconnaissance, c'est-à-dire besoins d'échanges positifs (échanger, avoir des clins d'œil, avoir des conversations positives, échanger des rires, des échanges en confiance) …. Ou s'il n'ya pas eu de signes de reconnaissance positifs, l'enfant va alors chercher des signes de reconnaissance à tout prix, , même négatifs, (rester en retrait, avoir des conversations négatives, échanger avec de la mauvaise humeur, avoir plein de jugement dans les échanges avec les autres) … Tout ça à partir du moment où sa soif de stimulation n'est pas assez stimulée. Et si ces signes de reconnaissance négatifs nt perdurés et se sont multipliés, , notre cerveau switch, passe instantanément, en recherche de signes de reconnaissance négatifs dès lors qu'il a été habitué comme cela, ou que sa soif de stimulation n'a pas été assez satisfaite… Alors la nature est mal faite me direz vous ? Je ne

sais pas, en tous les cas quand on connait ce besoin, on comprend mieux la psychologie et comment sortir de ses schémas limitants … en remplaçant petit à petit les signes de reconnaissance négatifs par des signes de reconnaissance positifs…Ce qui donnera lieu à des échanges et des regards croisés en groupe de parents….Mais peut être pouvez vous vous demander à ce stade : quel est dans vos échanges avec votre enfant, le pourcentage de signes de reconnaissance positifs et le pourcentage de signes de reconnaissance négatifs ? Nous développerons ce point.

Maintenant que vous avez répondu à ces questions, vous devez avoir une idée de la confiance que vous avez porté à votre enfant jusqu'à ce jour, en effet, l'annonce de sa venue à l'annonce de la grossesse, puis l'environnement et les circonstances de l'accouchement, puis les évitements que vous avez voulu éviter sur le plan familiale, tout cela forme un terreau fertile soit pour que tout roule plus ou moins harmonieusement, ou plutôt de manière dysharmonieuse, et de là, la confiance généralement a suivi ou non, selon que cette atmosphère ait été propice ou non.
Quelle que soit cette confiance à ce jour, vous allez maintenant passer à un exercice très pratique pour vous rapprocher de votre enfant.

Maintenant vous allez découvrir ou redécouvrir avec un éclairage nouveau, une manière de recréer l'harmonie avec votre enfant, très rapidement, et sans vous prendre la tête.
Cette ré harmonisation va se faire, de par votre enfant, et de part vous-même dans la relation. Votre enfant et vous, allez très simplement faire les pas l'un vers l'autre vers cette harmonie au cours de l'exercice suivant.

Et chemin faisant, nous allons nous appuyer sur les deux exercices précédents :
- à l'aide du lâcher prise sur vos attentes, que vous allez mettre dans votre relation avec votre enfant, et la particularité que vous avez déjà notée chez votre enfant,
- et à l'aide du lien de confiance que vous faites à votre enfant ou que vous allez créer petit à petit avec votre enfant,

-et en vous dégageant des évitements que vous avez voulus lui éviter et après les avoir transmutés en objectifs positifs, vous allez maintenant réaliser un exercice qui va réinstaller une nouvelle harmonie avec votre enfant.

Cette partie est un échange avec votre enfant : je vous propose de l'appeler «Magie du partage ».

Cet exercice est un cadeau pour vous deux, pour vous et pour votre enfant, c'est un véritable exercice de rééquilibre, de réciprocité, d'harmonie, il va vous mettre en chemin tous les deux vers plus de proximité et de réassurance entre vous. Alors pourquoi s'en priver ☺ ?

Lorsque vous ferez cet exercice avec votre enfant je vous donne une indication importante : restez dans l'ouverture, respirez profondément de temps en temps, mettez-vous dans une attitude sans attente, juste l'envie de communiquer avec votre enfant, lâchez prise, et…restez dans l'ouverture.
Alors l'exercice ici est très simple : prenez un créneau horaire de deux heures, proposez à votre enfant de passer un temps d'échange, dites-lui: « Je te propose de passer deux heures ensemble, ça va être sympa. » Déterminer la date, et le lieu avec lui, et…
Le jour venu, vous allez lui dire : « je vais te parler de ma vie, et je te propose de m'interrompre autant de fois que tu le souhaiteras, afin que ce que je dise ait du sens pour toi ». J'insiste ici il s'agit bien de lui dire qu'il vous interrompe afin que ce que vous lui dites ait du sens pour lui, et non pour vous. Bien sûr vous allez lui dire au gré de votre récit le sens que vous avez décelé ici ou là dans les évènements de votre vie, mais il s'agit ici qu'il aille chercher le sens qu'à **pour lui** ou pour **ou elle,** les évènements de votre vie.

Vous allez ainsi passer votre vie en revue en faisant cet exercice par tranches de 20 ans. En deux heures, vous pouvez passer en revue 20 ans de votre vie, mais pas plus ; si vous ne passez que 5 ans en revue, c'est très bien aussi ; la seule chose à priori à ne pas faire c'est d'aller trop vite. Il n'y a pas vraiment de règle, pensez simplement à prendre votre temps. Vous pourrez faire une deuxième fois l'exercice pour passer en revue une autre tranche de 20 ans ensuite si vous voulez.

Ainsi, au cours de cet entretien, vous dites le déroulement de votre vie, de manière factuelle, en vous ajustant au plus près de vos ressentis que vous voulez partager, mais restez au plus près des faits dans un premier temps, et lorsqu'il vous demande un détail sur un épisode de votre vie, donnez priorité au questionnement de votre enfant, qui peut alors vous demander des détails sur votre ressentis à une époque donnée. Répondez spontanément, avec bienveillance sur votre vie, sans grossir ou minimiser un élément factuel ou un ressentie (c'est amusant de voir comment il va partager ses sentiments avec les vôtres, mais n'espérez rien, n'attendez rien) simplement gardez la bienveillance pour ce dialogue qui est en train de se dérouler. C'est déjà un cadeau que **vous** vous faites, et que vous **lui** faites. Soyez beau joueur : dites là où vous êtes embarrassé(e) si c'est le cas.

Sur le fond, l'idée centrale est de dire la réalité avec votre ressentie tels qu'ils vous sont apparus au cours de ce dialogue avec lui ou avec elle. Et surtout de vous amuser en initiant ce dialogue. Il est important que cela vous anime, ou dit d'une autre manière, que vous soyez animé(e) **en démarrant l'exercice**.

Cette envie de s'amuser est fondamentale, je parle de la joie du partage, avec le recul de celui ou de celle qui a un peu de maturité, et qui a le goût de partage avec un plus jeune, afin de se rencontrer.

Au travers de cet exercice, il voit s'exprimer l'auteur réel ou symbolique de sa vie, dire comment il a bâti sa vie, comment il a guidé ses pas, au travers de sa propre vie, lui le parent. Et en faisant cela, de fait, vous le laissez libre de prendre, de sélectionner ce qui l'intéresse, et d'ailleurs il vous interrompra dans votre récit quand il aura besoin de ressources, pour comprendre votre cheminement intérieur.

Les trois seuls prérequis de cet exercice, sont
- l'envie de communiquer avec lui ou avec elle, et
- de trouver l'enthousiasme correspondant pour le réaliser au démarrage.
- et de ne pas penser à l'exercice avant de la démarrer ! Restez spontané(e) et confiant(e), n'y pensez surtout pas avant de le démarrer !!!

L'esprit de cet échange, c'est de le faire avec votre cœur, en explicitant ce qui a besoin d'être explicité pour lui, ce qui a besoin d'être éclairé pour lui. Ainsi trois éclairages se mettent en route : le vôtre, le sien, et la synthèse des deux, et cette synthèse va se révéler par le dialogue entre vous, mais aussi, et surtout, par l'écoute mutuelle. Ainsi c'est cette écoute mutuelle qui va révéler un nouveau sens à votre relation. Je ne crois pas que ce soit nécessaire en soi de théoriser plus ce point pourtant essentiel, pour moi cela s'apparente à l'écoute active telle qu'elle a été décrite dans de nombreux ouvrages, mais c'est plus que cela aussi.

Il est important d'avoir de l'enthousiasme à faire cet exercice, mais bien entendu, sur le fond de votre récit, si les évènements de votre vie ne se prêtent pas toujours à la joie, n'en rajoutez pas, soyez authentique, l'enthousiasme dont il est question ici c'est l'enthousiasme à communiquer avec lui, pas de bâtir un faux air de joies quand votre récit ne s'y prêtera pas.
C'est cet élément vivant qui fait l'accroche, la porte d'entrée, le contact entre vous et lui, et quel que soit l'état de vos relations avec lui, croyez-moi, on ne résiste pas à un enthousiasme qui vient du cœur, et où vous êtes aligné(e) sur votre cœur.
En fait, cela s'apparente un peu à une « déclaration de vérité » des très anciens temps, où une personne déclarait un fait, afin d'inspirer une autre personne par cette authenticité, car cette authenticité est inspirante. (Il n'y a rien de plus à voir dans cette comparaison, il n'y a

surtout aucune mise à l'épreuve sous-entendue, c'est vraiment l'inverse, il y a plutôt la confiance et le lâcher prise qui vous guident vers l'acceptation inconditionnelle de l'autre).
Je vais vous illustrer cela par l'histoire qui est à la base de cet exercice :
Nous étions en vacances avec mes deux filles de 11 et 14 ans à l'époque, et la plus jeune était malade depuis trois semaines, et un matin au petit déjeuner j'ai eu une intuition, je leur ai dit : voilà, je vous propose un exercice : à la plus petite j'ai dit :
-je vais te raconter une partie de ma vie, et tu vas m'interrompre autant de fois que tu le voudras, pour que ce que je dise ait du sens pour toi ;
Ok elle m'a dit,
-et toi (à plus grande de mes filles), je lui ai dit : tu vas observer, ok ?
Ok nous a-t-elle dit;
Alors j'ai démarré :
« Voilà, je suis né le ….   À Montbéliard, et là, ma fille m'a interrompue tout de suite et elle m'a dit :
-mais papa ! Comment on peut appeler un bébé grand comme ça, en écartant ses mains d'une vingtaine de centimètres, « Henri Pierre » !!!
Elle voulait dire par là que c'est un prénom impossible, donc je me suis arrêté un peu interloqué, puis amusé, et en même temps interrogé par la justesse de sa remarque,
Humm … Humm, j'ai continué mon récit :
- d'ailleurs j'ai dû rencontrer deux ou trois personnes dans ma vie qui se sont souvenues la première fois de mon prénom…
Puis j'ai repris : - oui c'est vrai, t'as raison, lui ai-je dit, il y a une évidence qui m'apparait, en rigolant, et puis je lui ai demandé : c'est ok là-dessus pour toi, je peux continuer ?
-Oui, vas-y ma t'elle dit alors et j'ai continué mon récit,
- voilà je suis né dans une famille avec des frères et sœurs, une famille comme-ci, comme ça, on a déménagé à tel moment etc. Et elle m'interrompait, quand il y avait des choses pas claires pour elle, ou qui avaient un sens qui l'interrogeait, des choses pas nettes, pas claires pour elle, et puis au fur et à mesure de notre entretien, elle s'animait de plus en plus, j'ai vu des picotements de rougeur apparaitre sur ses joues, j'ai vu ses yeux s'éclairer, bref j'ai vu de la vie réapparaitre.

Le lendemain… Elle était guérie de son angine carabinée….

Alors que se passe t'il pendant cet exercice ?
Au lieu de vous justifier, au mieux, sur vos supposés manquements, ou à l'inverse sur les instructions éducatives que vous pouvez lui donner en général, vous vous mettez à vibrer votre vibration des souvenirs d'il y a 10, 20 ou 30 ans, peu importe, et là vous vibrez disons 75% de la vibration de l'époque, et les autres 25% de votre attention, sont tournés dans le moment présent que vous passez avec votre enfant, et c'est là le lien, le pont avec votre enfant.
En revivant ces souvenir de manière authentique dans le présent, sans en rajouter, sans les cacher, en vous laissant les vivre de la manière qui sera la manière naturelle à ce moment –là, vous allez par ce fait faire confiance à la relation qui est là, dans le présent avec votre enfant, et vous allez de fait, lui faire confiance, et pour cela vous allez vous emplir de bienveillance sur vous-même, sur votre vie, sur sa vie et sur lui-même ou elle-même, bref, la confiance qui est l'élément clé pour aborder la vie, est au RV, c'est comme une fontaine de jouvence de la confiance.
En vous autorisant à vivre ces souvenirs (en sa présence), naturellement, sans préparation sur ce que vous allez dire, vous autorisez indirectement votre enfant à vivre sa vie de manière créative et vivante.

Vous allez animer cet exercice, et votre enfant avec vous, dans une Co-animation, alors il se met lui-même en mouvement dans ce vécu créatif et vivant. Il apprend autant qu'il écoute, il crée déjà par sa participation sa nouvelle vie qu'il va mettre en œuvre.
Alors me direz-vous, ces instructions ne sont peut-être pas si précises, mais souvenez-vous : l'enthousiasme à communiquer avec lui ou elle, le reste est secondaire, vraiment. Il est vrai qu'être accompagné(e) avant de faire l'exercice peut aider ☺

Deux précisions :
- si vous êtes une maman qui faite l'exercice, parlez de l'accouchement, c'est toujours un point important pour un enfant de savoir comment cela s'est passé. Si vous êtes un peu gênée, restez factuelle et répondez à ses questions autant qu'il vous est possible, mais sans vous attarder sur des moments où vous êtes gênée bien entendu….

Si vous êtes le papa et que vous avez assisté à l'accouchement de votre enfant, même remarque, parlez-en.
- Si votre enfant ne vous interrompt pas au bout de 10 minutes après avoir démarré l'exercice, mon hypothèse est qu'il n'est pas bien différencié de votre aura, (il ne s'est pas encore bien sentit reconnu dans sa particularité, vous êtes en chemin pour cela), ceci étant, demandez-lui si c'est ok et si tout est clair pour lui, si oui, alors poursuivez ; s'il ne vous interrompt pas après 5 nouvelles minutes, demandez-lui s'il a des questions, s'il n'en a pas, alors il y a de fortes chances, soit qu'il vous craint, soit que étant en symbiose forte tous les deux, il vous protège, bon, continuez l'exercice, ne forcez rien, vous verrez après avoir fait deux fois l'exercice (pour couvrir deux périodes de 20 années chacune), comment petit à petit votre relation va changer, car qu'il vous craigne ou qu'il vous protège, il faut un peu de temps, quelques semaines, pour que s'installe imperceptiblement, doucement au début, puis de manière manifeste après 3 à 6 semaines, une nouvelle relation.

Ce que vous opérez, c'est la permission que vous lui donnez de s'identifier à vous pour **mieux s'autonomiser,** pour mieux penser par lui-même ou elle-même…à chaque fois qu'il ou elle vous interrompra…
Votre joie sera alors de voir votre enfant s'éloigner avec autonomie et force, vous envoyant des clins d'œil à son tour de temps en temps…
Je vous parie que cette bienveillance, ce respect des faits et des ressentis, et cet intérêt pour ce dialogue que vous allez nourrir, seront à l'origine de bien des ressources inattendues pour votre enfant. Et qui sait peut-être pour vous même…
Je vous rappelle les points essentiels : se donner deux heures de tranquillité, faire une ballade, ou rester dans un endroit où vous pouvez être tranquilles pendant deux heures.
Evitez les cafés.
 Avoir l'envie et l'enthousiasme de communiquer avec lui ou elle.
 En découvrant votre vie, et les ressorts qui vous ont permis de la dessiner, vous transmettez les clefs dont il ou elle a besoin. Car il a alors toute la liberté pour prendre les outils dont il a besoin, le trie est fait automatiquement par son esprit, notamment il vous interrompra dans les moments clés à ses yeux.

Laissez-le vous interrompre comme il l'entend. Et répondez alors à ses interrogations, dans leur ordre de questionnement. Il prend ainsi sa place.

En précisant vos ressentis en réponse à ses questions, il va se mettre lui-même au contact de ses propres ressentis, et donc de ses propres ressources.

Attention, atmosphère de compréhension mutuelle ne veut pas dire se mettre à nu, cela s'apparente plutôt à de la bienveillance à propos de votre propre vie (et de la sienne) c'est-à-dire que vous narrez votre vie, naturellement, comme cela vous vient, factuellement, et avec vos ressentis, ceux-ci expliquant les moments clés de votre vie. Laissez-le faire pour le reste, il vous questionnera bien assez tôt.

Les choses qui sont obscures à vos yeux, ou que vous gardez sous le secret deviennent potentiellement des symptômes pour lui, car vous n'êtes alors pas présent. En faisant la lumière, du moins votre lumière, en disant votre version des faits et votre ressentie sur ces points obscurs ou secrets, ou en disant simplement là où vous êtes touché et ne voulez pas vous étendre plus, ce sera suffisant. Ainsi vous avez un Joker, si un évènement est resté trop douloureux pour vous, vous avez le loisir de ne pas en parler, ou simplement de lui dire que vous ne pouvez pas en parler de manière détaché(e).

Faites confiance à ce processus, il marche.

Voici une synthèse théorique de cet exercice pour ceux que cela intéresse, que je résumerai comme suit :

En fait comme dans tout échange avec ouverture, l'échange rapproche les deux personnes dans l'échange, et si elles sont dans l'ouverture, elles se rapprochent de plus en plus, et avec l'ouverture en continue, petit à petit, elles se distinguent dans leur particularité, et ainsi de suite jusqu'au moment où c'est une fontaine de jouvence, à la fois de découverte de l'autre, et un peu de soi-même, et cela peut aller jusqu'à ces rencontres dont on se souvient longtemps, de par la qualité de l'échange, une qualité proche du ressourcement, où l'on se sent à la fois dans un sentiment de liberté, et en lien avec l'autre, amenant une joie profonde.

En fait que se passe t'il : il y a une personne (vous) qui raconte quelque chose, et l'autre (votre enfant) qui interprète et qui pose des questions : quoi, qui, comment, où.

Et votre enfant va finalement piocher des ressources pour sa propre vie, et en fait, il ou elle va donner un sens à sa propre vie en interprétant le sens de votre vie. La première personne (vous) donne un premier sens le plus authentique à sa vie, ce qui lui vient, naturellement, quand elle raconte sa vie, et l'autre personne (votre enfant) laisse naturellement émerger le sens qui lui apparait tout aussi naturellement à l'écoute de la narration de l'autre vie (votre vie). Il ou elle va alors vous interrompre et vous poser des questions - « qu'est ce qui s'est passé, comment as-tu pu faire ceci ou les gens ont-ils pu te faire cela, etc. » Il ou elle va vérifier avec vous si le sens qu'elle donne à ce que vous dite, et que vous n'avez pas donné, fait sens aussi pour vous, aussi ne mettez pas en doute son ressentie, laissez-le ou laissez-la se faire son propre ressentie, et là (!!!), c'est pour cela que je l'ai appelé « Magie du partage », chacun va s'enrichir du sens que chacun donne aux choses, aux situations, aux personnes de la vie.

En fait mon hypothèse est qu'il y a une grande proximité qui va se créer alors entre vous, il y a une authenticité, il y a un « tac o tac », de la bienveillance… Il n'y a plus de jugement, il n'y a plus aucun jugement, c'est même un concept inconcevable à ces moment-là, (je dirai même « inconcebable » pour souligner cela ☺) vous allez vous sentir dans un lien très fort, et en même temps très léger, très équilibré, chaleureux, très conviviale, très fraternel. Vous dite le sens que vous mettez sur les évènements de votre vie, et l'échange se transforme en guérison par la parole, par l'échange, par le partage en ouverture mutuelle, il y a une forme de fulgurance qui jaillit, qui apparait, c'est comme si tout devenait possible, chacun d'entre vous accède à un réservoir des possibles, de prise de décisions, de partage, je dirai presque de partage de vérité qui donne un sentiment de liberté ou qui la redonne.

En fait à mes yeux, vous vous autorisez mutuellement à être vous-même, petit à petit, au fur et à mesure de l'échange, et à valider pleinement le sens que vous donnez aux choses, et c'est cette rencontre, cette rencontre entre vous deux, qui donne un éclairage nouveau à chacun, un ré éclairage de zones de sa vie où l'un et l'autre

d'entre vous notamment a pu se sentir …mal, dans la solitude, ou solitaire.
En tous les cas on est tous passé par des moments de solitude, où on n'a pas été bien, et cet échange permet de mettre du lien, ça permet automatiquement de remplir ces phases de solitude, de les remplir de lien, de les remplir d'échanges et dans ces moment-là chacun se remplit de ces échanges qui deviennent des réservoirs de liens, de partage, de joie de vivre, et repart du bon pied et se trouve renforcé, plein d'allant, plein d'enthousiasme.

Cet exercice est l'occasion de vivre la proximité, la similitude, la distance et la différence, tour à tour, et alternativement, dans un ajustement mutuel qui permet à votre enfant (et à vous-même) de se sentir reconnus inconditionnellement, et cet exercice efface toute solitude. Un ajustement s'installe et est stimulé pendant un temps assez long pour que le lien soit établie et ressentie à la fois dans cette proximité et dans la liberté d'être soi qui débouche à mon sens sur une intimité décuplée permettant les insights, les guérisons, les changements, et plus simplement des instants de bonheur dont les ingrédients indissociables et nécessaires sont à mon sens : proximité, différence, lien, liberté , acceptation inconditionnelle, et ajustement ; tout cela avec assez d'ouverture de part et d'autre. Résultat : la confiance s'installe chez chacun, et la confiance s'installe dans la relation.
Cet exercice s'apparente à un récit de vie, mais il s'en distingue par la priorité donnée au sens de ce que vous dites par votre enfant. Mais comme comparaison n'est pas raison, ne cherchez pas à faire des parallèles, faites l'exercice, faites-le dans la simplicité, sans en chercher les ponts vers d'autres technique d'échange ☺
Le but c'est que votre enfant pioche les ressources dont il a besoin pour continuer son développement, son évolution, et pour cela il pourra aller cherchez vos ressources, et se les approprier, sinon il mettra un sens à ce que vous dites et cela participera à la construction de nouvelles ressources qu'il va créer pour lui-même et par lui-même.
En synthèse, ce lien nouveau dans l'échange, permet à votre enfant une nouvelle exploration des liens familiaux, et d'intégrer de nouvelles bases pour construire sa personnalité, et changer les malentendus en complémentarités, de consolider de manière positive le lien qui vous

relie et de revisiter son roman familial grâce à ce **lien regénéré**. Et vous en profitez, faites confiance, vous êtes à deux heures de l'harmonie avec votre enfant ☺

Et je vous garde la cerise pour la fin :
Le rire est le résultat naturel de cet échange, le rire n'est-il pas une ressource inattendue qui est partagée dans sa fraicheur ?
En fait, quand votre enfant commence à sourire et vous à rire, le but est en passe d'être atteint ; lorsque vous riez de bon cœur tous les deux, le but est dépassé.

Maintenant, si certains d'entre vous n'osent pas tenter de mettre en œuvre cet exercice, et avec les meilleurs explications du monde, demandez-vous : qu'est-ce qui vous empêche de faire cet exercice : la peur du ridicule, la honte de vous-même ? Dans ces cas-là, contactez moi, il y a d'autres solutions, ne restez pas sur cet échec☺

*Soif de stimulation :en Analyse Transactionnelle, c'est le besoin d'être stimulé, qui préside à la destinée de tout être humain, et qui fait que si l'on n'a pas son quota de signes de reconnaissance, …on va en rechercher en négatif, nous le développerons en séances.

Copyright Henri Pierre BRU
Tel 06 81 58 10 55
www.hpbru.fr

Printed in Great Britain
by Amazon